LES *FRAGMENTS NOUVEAUX,* BALLET,

COMPÔSÉ *du* PROLOGUE *des* AMOURS *des* DIEUX, *de l'Acte de* THÉONIS *& de celui* D'AMPHION,

REPRÉSENTÉ,

PAR L'ACADEMIE-ROYALE *DE MUSIQUE,*

Le Dimanche 11 Octobre 1767.

PRIX XXX. SOLS.

AUX DÉPENS DE L'ACADÉMIE.

A PARIS, Chés DE LORMEL, Imprimeur de ladite Académie, rue du Foin, à l'Image Sainte Genevieve.

On trouvera des Livres de Paroles à la Salle de l'Opera.

M. DCC. LXVII.

AVEC APPROBATION ET PRIVILEGE DU ROI.

Le Poeme du Prologue eſt de FUSELIER.

La Muſique eſt de MOURET.

ACTEURS CHANTANTS
DANS LES CHŒURS.

Côté du Roi.		Côté de la Reine.	
Meſdemoiſelles.	*Meſſieurs.*	*Meſdemoiſelles.*	*Meſſieurs.*
Durand.	Albert.	Dagée.	Vaudemont.
La Croix.	Tourcati.	Duprat.	Cailteau.
Delor.	L'Ecuyer.	Lebourgeois.	Héri.
Guillaume.	Bourdon.	Jouette.	Vatelin.
Delaiſtre.	Paris.	Chenais.	Lagier.
Beauvais.	Lecoutre.	Legrand.	Vanheke.
Fontenet.	Roſe.	Adélaïde.	Candeille.
Friard.	Robin.	Hebert.	Boi.
Héri.	Antheaume.	Deſroſieres.	Laurent.
St. Leger.	Méon.	Dalincour.	Dupar.
Lemaire.	Botſon.	de Luſignan.	Huet.
Beauſſe.	Cleret.	Ferriere.	Galli.
Richard.	Le Brument.		Martin.
	Beghain.		Narbonne.

ACTEURS CHANTANTS
DU PROLOGUE.

LA PRÊTRESSE *du Temple de l'Amour*, Mlle. du Plant.
LE CHEF DES SARMATES, M. Durand.
UN SARMATE, M. Tirot.
SARMATES.
PRÊTRESSES.
PEUPLES *du* NORD.
PEUPLES GRECS.

PERSONNAGES DANSANTS.
PLAISIRS & JEUX.

M. SIMONIN, Mlle. DU PEREI.
Mrs. Beaulieu, Allix, le Grand, Gambu.
Mlles. le Roi, Riviere, Hidoux, de Fontebles.

SARMATES.

M. LEGER.
M. SLINGSBI.
M. ALLARD.
Mrs. Trupti, Lani, Liesse, Aubri, Pierson, Martinet.

GRECQUES.

Mde. PITROT.
Mlle. MION.
Mlle. GRANDI.
Mlles. Mercier, David, Mimi, Larie, d'Orsan, de Bagé.

PROLOGUE.

Le Théâtre repréſente le Temple de l'Amour de la ville de Tomes, où les Sarmates célébroient tous les ans une fête à l'honneur D'OVIDE *; ſon tombeau eſt placé au milieu.*

SCÈNE PREMIERE.

LA PRÊTRESSE, PRÊTRESSES, le CHEF des SARMATES, & ſa Suite.

LA PRÊTRESSE.

VOUS, qui chaque printems excités notre zele,
Pour honorer le plus fidele
Et le plus cher de vos ſujèts,
Volés, fils de Vénus, ſecondés nos projèts;
C'eſt la reconnoiſſance, Amour, qui vous appelle.

Près de ce monument, que j'ai fait élever,
Des plaisirs & des jeux que la troupe s'arrête ;
Ovide est l'objet de la fête,
Tout Cithere doit s'y trouver.

LE CHEF DES SARMATES.

Peuples, soûmis aux loix, & vous, peuples sauvages,
Hâtés-vous, traversés le vaste sein des mers ;
Rassemblés-vous ici, présentés vos hommages
Au mortel renommé qui, sur nos froids rivages,
Du plus doux des vainqueurs fit connoître les fers.

Le jour qu'on l'exila, le Tibre sur ses traces
Vit voler après lui les Amours empressés ;
Le jour qu'il arriva dans nos climats glacés,
Pour la premiere fois nous y vîmes les Grâces.
Sans lui nos cœurs, qu'il prit soin de former,
Ne sauroient pas encor aimer.

ENSEMBLE.

Ne tardés pas, suivés le devoir qui vous presse,
Venés, tendres amants, venés, accourés tous ;
Votre encens dans ces lieux devroit brûler sans-cesse,
Et le tombeau d'Ovide est un autel pour vous.

SCÈNE II.

LA PRÊTRESSE, LE CHEF DES SARMATES, *& leur Suite.*

(*Diverses Nations accourent, & exécutent les ordres de la* PRÊTRESSE.)

LA PRÊTRESSE.

Vole, Amour, vole avec les Grâces;
Vole, Amour, dans ces lieux.
Qu'avec les Jeux, les Ris suivent tes traces:
Que tes flâmes
Charment les âmes
Et n'enchaînent les cœurs que pour les rendre heureux.
Vole, Amour, vole avec les Grâces, *&c.*

UN SARMATES.

Fiers Aquilons, de vos ravages
Nous ne sentons pas les horreurs:
Plus l'hiver glace nos rivages,
Plus l'Amour enflâme nos cœurs.

Si, dans des climats plus tranquilles,
Vous exilés les doux zéphirs,
Du-moins jamais de nos asiles
Vous ne banissés les plaisirs.

Fiers Aquilons, de vos ravages, &c.

(On danse.)

LE CHEF DES SARMATES.

Du maître des amants, du guide des amours
Que le nom dans ces lieux retentisse toûjours.
Fameux par son esprit, fameux par sa tendresse,
Il connoissoit tous les détours
Des rives de Cithere & des bords du Permesse.
Du maître des amants, du guide des amours
Que le nom dans ces lieux retentisse toûjours.

(Le Chœur répete les deux derniers vers.)

(On danse.)

LE CHEF DES SARMATES.

Nos rivages
Ne sont plus sauvages,
Depuis que ce séjour
Au tendre Amour

Rend

Rend des hommages.
Les oiseaux
Chériſſent nos retraites ;
Nos muſetes
Forment des chants plus beaux ;
L'onde pure
Y mêle un plus doux murmure.
Dieu des cœurs,
Nous te devons ces charmes ;
Prends tes armes,
Lance tes traits vainqueurs ;
Tes conquêtes
Sont pour nous autant de fêtes.

(*On danſe.*)

LA PRÊTRESSE.

Vous, qu'Ovide a conduits ſur ces bords écartés,
Plaiſirs, efforcés-vous d'emprunter ſon langage ;
Et des amours des Dieux par ſa muſe chantés,
Offrés à nos regards une fidele image :
Par un ſi beau ſpectacle achevés aujourd'hui
Les jeux que notre zele a conſacrés pour lui.

ENSEMBLE.

Nous devons à-jamais célébrer ſa mémoire :
Il nous a montré l'art d'attacher la victoire

Aux armes de Paphos.
Ainſi que Mars, l'Amour a ſes héros ;
Ainſi que Mars, l'Amour eſt ſuivi de la gloire.

LE CHŒUR.

Nous devons à-jamais, &c.

FIN DU PROLOGUE.

THÉONIS,
OU LE
TOUCHER;
PASTORALE-HÉROÏQUE
EN UN ACTE,

Nunc, ſcio quid ſit amor. *Vir. Buc.*

Le Poeme eſt de M. POINSINET, *de pluſieurs Académies.*

La Muſique eſt de M M. ***.

ACTEURS CHANTANTS.

THÉONIS,	Mde. L'Arrivée.
DORILAS,	M. L'Arrivée.
L'AMOUR,	Mlle. Rosalie.
NIMPHES.	
BERGERS.	

PERSONNAGES DANSANTS.

BERGERS.

M. Gardel.

M. Lani.

M. Dauberval.

Mrs. du Bois, Granier, Dossion, Giguet, Gardel, c., le Brun, la Rue, Caster.

NIMPHES CHASSERESSES.

Mlle. Guimard.

Mlle. Allard.

Mlle. Peslin.

Mlles. de Miré, Rei, s. Martin, Gaudot Adélaïde, Delfevre, Patras, Niel.

THÉONIS, OU LE TOUCHER,

PASTORALE-HÉROÏQUE, EN UN ACTE.

Le Théâtre représente un Boccage.

SCÈNE PREMIERE.

DORILAS, seul.

CHERS habitants de ces riants boccages,
Heureux oiseaux, chantés plus bas ;
N'agités plus les airs de vos ramages,
Théonis ne vous entend pas.

L'ingrate Théonis à mes vœux est rebelle,
Brillantes fleurs ne naissés plus pour elle ;
Ruisseaux ne m'offrés plus ses dangereux attraits.

De l'univers vous êtes la parure ;
Du dieu d'Amour vous êtes les bienfaits ;
Et le bonheur, dont jouït la nature,
Ajoute encore à mes regrèts.

Chers habitants de ces riants boccages, &c.

Nous ordonnons tous deux la fête ſolemnelle,
Qu'en l'honneur de Diane on prépare en ces lieux :
Je deſire... & je crains de revoir la cruelle.

(*On entend un bruit de chaſſe.*)

Mais les nimphes déjà paraiſſent à mes yeux.

SCÊNE II.

DORILAS, THÉONIS, *ſuivie de* NIMPHES *& de* BERGERS, *armés pour la chaſſe.*

THÉONIS.

SUIVÉS mes pas, ſortons de ce boccage,
Nimphes, livrons la guerre aux habitants des bois.
A la ſœur d'Apollon rendons un digne hommage,
Imitons ſes exploits.

CHŒUR de NIMPHES & de BERGERS.

Suivons ſes pas, ſortons de ce boccage,
Livrons, livrons la guerre aux habitants des bois.
A la ſœur d'Apollon rendons un digne hommage,
Imitons ſes exploits.

DORILAS, à THÉONIS.

Enfin je vous revois encore!
La fête de Diane ici nous réunit.
Dès que vous paraiſſés, les fleurs veulent éclore,
L'univers pour vous s'embellit.

THÉONIS.

Ne chantés plus votre tendre eſclavage;
Le devoir ſeul nous raſſemble en ce jour.

DORILAS.

Peut-on vous voir, ſans ſonger à l'Amour,
Et vous parler, ſans prendre ſon langage.

THÉONIS.

Voulés-vous me forcer d'abandonner ces lieux?

DORILAS.

Demeurés.

THÉONIS.

Il eſt tems de commencer nos jeux.

THÉONIS, DORILAS, CHŒUR.

De fleurs couronnons nos têtes.

THÉONIS & les NIMPHES.

Chantons les Dieux tour à tour.

DORILAS & les BERGERS.

Chantons Vénus & l'Amour.

THÉONIS, DORILAS & les CHŒURS.

Consacrons cet heureux jour
Par les plus brillantes fêtes.

(On danse.)

(Les bergers veulent inviter les nimphes à recevoir leurs hommages, & en sont constament rebutés.)

THÉONIS, aux NIMPHES.

Il suffit, préparés vos traits,
Servés Diane & volés à la gloire.

(Les nimphes sortent.)

DORILAS.

Et vous, dont la constance assûre la victoire,
Guidés leurs pas dans ces forêts.

(Les bergers les suivent.)

SCÈNE III.

THÉONIS, DORILAS.

THÉONIS.

ME suivrés-vous toûjours ?

DORILAS.

Défendés-moi de vivre,
A vos piés je saurai mourir ;

Mais

Mais vous me commandés, ingrate, de vous fuir ;
C'eſt un arrêt que mon cœur ne peut ſuivre.

THÉONIS.

Vous le devés.

DORILAS.

Je ne puis.

THÉONIS.

Je le veux.

DORILAS.

C'eſt m'impôſer la loi la plus cruelle.

THÉONIS.

De plus rares beautés partageront vos feux.

DORILAS.

Vous m'ordonnés d'être infidele !

THÉONIS.

Comme on voit le zéphir leger
Folâtrer près des fleurs nouvelles,
Un amant doit ſavoir changer ;
Il doit chérir toutes les belles.
S'il n'était né pour voltiger,
L'Amour aurait-il pris des aîles ?

DORILAS.

Moi, ne vous plus aimer ? & le pourrai-je, hélas !

Dans les erreurs de mon jeune âge,
De mille objèts j'ai pu ſuivre les pas ;
Jamais d'un conſtant eſclavage
Mon cœur n'a goûté les appas ;
Mais, s'il fut juſqu'ici volage,
C'eſt qu'il ne vous connaiſſait pas.

THÉONIS.

Trop long-tems ici je m'arrête.

CHŒUR de NIMPHES & de BERGERS qui traverſent le théâtre, un javelot à la main.

Pénétrons, pénétrons dans le fond des forêts.

THÉONIS.

Nimphes, je vole à votre tête:
Qu'on me donne mes traits.

(*Elle ſaiſit une javeline & marche à la tête des nimphes.*)

SCÈNE IV.

DORILAS, CHŒUR de BERGERS.

DORILAS.

ELle me fuit... Amour, c'eſt en toi que j'eſpère,
Daigne enfin écouter mes vœux !
Change ſon cœur ... quitte les cieux,
Viens aſſûrer ta gloire ſur la terre,
Viens... pour y faire des heureux.

DORILAS & le CHŒUR.

Dieu charmant, par toi tout respire;
Les Dieux-même ont chéri tes fers :
Tout renaît, tout jouït sous ton empire ;
Tu n'as besoin que d'un sourire
Pour renouveller l'univers.

(*On entend une simphonie brillante*).

Quels accents à nos voix s'unissent.

Premier CHŒUR.

Quels sons mélodieux.

Deuxieme CHŒUR.

Quels célestes concerts.

(*Le boccage paraît couvert de nuages colorés & mêlés de guirlandes de fleurs.*)

DORILAS.

D'où vient que ces lieux s'embellissent?
Un Dieu fend la plaine des airs.

(*L'Amour paraît au milieu du théâtre sur un groupe de nuages, porté par les zéphirs.*)

SCÈNE V.

L'AMOUR,
DORILAS, BERGERS.

L'AMOUR.

DU charme heureux que répand ma présence,
Que tous les éléments éprouvent les douceurs.
Bergers, reconnaissés l'Amour à sa puissance.

(*à DORILAS.*)

Et toi, laisse ton cœur s'ouvrir à l'espérance :
Tu recevras le prix de tes tendres ardeurs.

(*Il descend tout-à-fait, détache son carquois, & le donne à DORILAS.*)

Prends ce carquois : s'il faut que ta bergere
Porte la main sur un seul de mes traits,
Tu charmeras son cœur sevère,
Et le moment de sa colère
Sera celui de mes bienfaits.

DORILAS, prenant le carquois.

Théonis m'aimerait!...

L'AMOUR.

Ton cœur en doute encore?..

Bientôt, dans ce lieu-même, elle doit revenir;
Par un charme inconnu, je l'y puis retenir.

Du bonheur je t'offre l'aurore:
C'eſt une fleur que le plaiſir;
L'Amour peut bien la faire éclore,
Mais l'amant ſeul doit ſavoir la cueillir.

(L'AMOUR remonte au Ciel.)

SCENE VI.

DORILAS, BERGERS.

DORILAS, tenant le carquois.

JE pourrai la fléchir? ah, que viens-je d'entendre!..
Quoi! tes beaux yeux ſur moi s'ouvriront ſans rigueur,
Ma chere Théonis... elle vient... ah, mon cœur
De ſes tranſports a peine à ſe défendre....
Mais en ces lieux plûtôt cherchons à la ſurprendre,
Et, pour mieux l'aſſûrer, différons mon bonheur.

(Il ſe retire avec les bergers.)

SCENE VII.

THÉONIS *entre ſeule par le côté oppôſé, égarée, les cheveux épars, le carquois ſur l'epaule, une javeline à la main.*

OU vais-je?.. égarée, incertaine..!
En vain mes cris font retentir ces bois...
Quel attrait ici me ramene?
Vous, qui ſuivés mes loix,
Répondés à ma voix.

Pourquoi mon âme eſt-elle émue?
Ma main tremble en s'armant de traits:
Le ſilence de ces forêts
Fait coûler dans mon cœur une ivreſſe inconnue.

Les fleurs ne flattent plus mes ſens...
Le jour fatigue ma paupiere,
(*Elle s'appuie ſur un lit de gâzon.*)
Et mes eſprits, devenus languiſſants,
Aux charmes du ſommeil me livrent toute entiere..
Je ne reſpire ici qu'une douce langueur...
(*Elle s'aſſied ſur le lit de gâzon.*)
Un Dieu m'arrête, il m'accâble, il me trouble...

ma faïblesse redouble....
Je cede à son pouvoir vainqueur.
(*Elle s'endort.*)

SCÈNE VIII.

DORILAS THÉONIS.

DORILAS, *s'approchant de* THÉONIS *endormie.*

APprochons... je frémis...mon âme est incertaine...
Amour, voici l'instant d'obéir à tes loix.
Sans troubler son repos, désarmons l'inhumaine,
Changeons ensemble de carquois.

(*Il détache le carquois de* THÉONIS, *& y substitue celui que lui a donné l'*AMOUR.)

Faut-il que ton amant te trompe pour te plaire !
N'importe, c'en est fait... je tombe à tes genoux.
Permèts, sur ta main que je serre....

THÉONIS s'éveille.

Où suis-je.. o ciel !.. quoi, Dorilas.... c'est vous ?
Ainsi vous bravés ma colère.

DORILAS.

Ainsi je cede à mon amour.
Vous pouvés me priver du jour.

THÉONIS.

Craignés Diane & ma vengeance.

DORILAS.

Que puis-je craindre encor?.. vous me voulés haïr.

THÉONIS.

Je veux punir un berger qui m'offenſe:
Je veux fuir.

DORILAS.

Arrêtés!

THÉONIS.

Vous m'ôſés retenir....

C'en eſt trop, cette audace extrême...
(Elle porte la main au carquois.)

DORILAS.

Frappés!

THÉONIS tire un trait.

Quel trouble affreux...je m'égare moi-même.

DORILAS.

Vengés-vous,

THÉONIS leve le bras.

Je le dois,

DORILAS.

Vous balancés.

THEONIS

THÉONIS, *le bras levé.*

Hélas!...

Je ne le puis...

DORILAS, *à genoux.*

Théonis!

THÉONIS.

Dorilas...!

(Elle laisse tomber le trait.)

Serait-il vrai... que... je vous aime.

DORILAS.

Qu'entends-je? vous m'aimés!

THÉONIS.

Qu'ai-je dit?

DORILAS.

Ah, grands Dieux!

Vous m'aimés & je vous adore.

THÉONIS.

Je t'aime, & je me plais à te le dire encore...!

Quel éclat embellit ces lieux?

(Le théâtre change & repréſente un jardin, orné de grouppes de ſtatues. On voit, au fond, ſous des boſquèts, des nimphes qui reçoivent l'hommage des bergers: les uns ſont à leurs genoux, les autres leur offrent des fleurs, d'autres aſſis paraiſſent tendrement unis.)

DORILAS.

En vain contre l'Amour ton âme encor murmure;
Reconnais ſon pouvoir vainqueur:
Il a changé pour moi ton cœur,
Il change pour toi la nature.

THÉONIS.

Mes yeux enfin s'ouvrent au jour:
Ah, Dorilas, que mon âme eſt ravie!
Je n'ai connu le bonheur de la vie
Qu'en connaiſſant l'empire de l'Amour.

DORILAS & THÉONIS.

Tous les oiſeaux de ces boccages
Auprès de nous volent s'unir,
Leur ſilence, ou leurs doux ramages,
Sont les oracles du plaiſir.

THÉONIS.

Nimphes, qui me ſuivés en ce riant ſéjour,
Imités mon exemple & cédés à l'Amour.

(On danſe.)

THÉONIS, DORILAS & le CHŒUR.

L'Amour triomphe dans ces lieux;
Que tout y chante ſa victoire.

Non, ce n'eſt qu'à nous rendre heureux
Que ce dieu charmant met ſa gloire.

S'il fuit, ſur l'aile des deſirs,
On le retient par l'eſpérance :
Quand il s'endort dans les plaiſirs,
On l'éveille par l'inconſtance.

L'Amour triomphe dans ces lieux, *&c.*

(*On danſe.*)

THÉONIS.

Vous, qui régnés dans ce boccage,
Venés répondre à mes vœux,
Oiſeaux, fixés-vous en ces lieux ;
Favoris de l'Amour, vous parlés ſon langage :
Quand vous chantés ce dieu j'aime votre ramage.

De la vive Flore
Ici les préſens,
Sont jaloux d'éclore
Avant le printems.

L'amoureux zéphir
Se retient ſans-cèſſe ;
Il craint de flétrir
La fleur qu'il careſſe.

Au berger vainqueur
La nimphe discrete
Fait, par sa rigueur,
Valoir sa défaite.

Vous qui régnés, &c.

(*Cet acte est terminé par un ballet général.*)

FIN DE LA PASTORALE.

AMPHION.

ACTEURS.

AMPHION, M. le Gros.
ANTIOPE, Mlle. Arnould.
LE CHEF *des* SAUVAGES, M. l'Arrivée.
LE CHEF DES PRISONNIERS, M. Durand.

CHŒURS { DE SAUVAGES. / DE PRISONNIERS. / DE *la Suite* D'AMPHION. }

PERSONNAGES DANSANTS.

SAUVAGES & SAUVAGESSES.

M. DAUBERVAL, Mlle. ALLARD.
Mrs. ROGIER, LEGER.
Mlles. GAUDOT, GRANDI.

Mrs. Trupti, Lani, Lieſſe, des Préaux, Aubri, Pierſon.

Mlles de Miré, s. Martin, Delfevre, David, Patras, Niel.

PEUPLES GRECS.

M. GARDEL.
Mrs. GARDEL, c., GRANIER.
Mlles. ADÉLAÏDE, LA FOND.

BERGERS & BERGERES.

Mlle. GUIMARD.
Mrs. MALTER, LE BRUN, BEAULIEU.
Mlles. DERVIEUX, AUDINOT, LOUISON.
Mrs. Allix, le Grand, Gambu, Caſter.
Mlles. le Roi, Riviere, Hidoux, Guilleſtent.

AMPHION.

Le théâtre représente, sur le devant des deux côtés, une forêt ; dans le fond, des rochers, des torrents, des montagnes arides : vers le milieu, un autel de pierre brute, à-demi couvert de mousse.

SCÈNE PREMIERE.

ANTIOPE, *seule.*

DESERT sauvage, forêt sombre,
Où des hommes errants traînent des jours affreux,
Je ne peux plus souffrir la solitude & l'ombre
De vos asiles ténébreux.

A vos horreurs accoutumée,

J'aimais à contempler vos rochers menaçans;
Du bruit ſourd de vos torrens
Mon oreille étoit charmée :
Mais depuis qu'Amphion a de ſes doux accens
Fait retentir cette rive deſerte,
A de nouveaux deſirs mon âme s'eſt ouverte,
Je crois avoir de nouveaux ſens.

Deſert, *&c.*

SCÈNE II.

ANTIOPE, *le* CHEF *des* SAUVAGES.

LE CHEF.

FILLE de nos forêts, ornement des montagnes,
Nos guerriers, aſſemblés dans ce jour ſolemnel,
Feront bientôt coûler ſous le couteau mortel
Le ſang des priſonniers vaincus dans nos campagnes :
Viens recevoir ma main à ce ſanglant autel.

Ta blancheur eſt plus brillante
Que les neiges de nos bois :
Ta vue eſt plus pénétrante
Que les traits de mon carquois ;
Et le bruit de l'onde errante
Eſt, dans une ſoif ardente,
Moins doux qu'un ſon de ta voix.

ANTIOPE.

ANTIOPE.

Guerrier, porte ailleurs ton hommage,
Je ſens que je ne puis t'aimer.

LE CHEF.

Non, non, je ſaurai t'enflâmer.
J'ai préparé pour toi ma cabane ſauvage;
Viens voir le trône de feuillage
Que mes mains ont ſu te former.

Je mettrai déſormais aux piés de mon amante
Les monſtres par ma main terraſſés chaque jour;
Leur ſuperbe trophée ornera mon ſéjour;
Et, ſur leur dépouille ſanglante,
Nous goûterons en paix les plaiſirs de l'Amour.

ANTIOPE.

Ce que tu viens m'offrir n'a rien qui m'intéreſſe;
Hélas! tous ces objèts ne ſont plus faits pour moi.
Loin de m'inſpirer la tendreſſe,
Tes diſcours m'inſpirent l'effroi.

L'oiſeau qui, ſous le feuillage,
Soûpire ſes tendres feux,
Du doux Amour eſt l'image:
Mais tes chants & ton langage
Reſſemblent aux cris affreux

De l'oiseau fier & sauvage
Qui, du fond d'un antre creux,
S'élance vers le carnage.

LE CHEF.

Quel étrange discours que je ne conçois pas!
Du moment que mon œil te vit sur les montagnes
Je sus te distinguer de toutes tes compagnes,
Je détendis mon arc & volai sur tes pas :
Ne dois tu pas aussi me distinguer sans peine
Entre tous les guerriers qui marchent sous mes loix,
Comme l'on distingue le chène
Entre les arbrisseaux des bois ?

ANTIOPE.

Peut-être à ton amour j'aurois été sensible ;
Mais un charme invincible
A porté dans mon âme une douce langueur ;
J'entendis Amphion : dès-lors j'eus en horreur
Des habitans des bois la rudesse inflexible ;
En charmant mon oreille, il a séduit mon cœur.

LE CHEF.

Amphion! & quel est ce mortel redoutable
De qui j'entends parler pour la première fois?
Oseroit-il aux miens comparer ses exploits ?
Tout cede à ma force indomptable.

ANTIOPE.

Oui, mais tout obéit au charme de ſa voix.

LE *CHEF.*

Je dompte les torrens dans leur courſe rapide.

ANTIOPE.

Ses ſons harmonieux en ſuſpendent le cours.

LE *CHEF.*

C'eſt moi dont l'audace intrépide
Combat les tigres & les ours.

ANTIOPE.

Le tigre, en l'écoutant, quitte ſes antres ſourds,
Et vient bondir près de l'agneau timide;
Par la douceur de ſes accens
Les deſerts affreux s'embelliſſent,
Les rochers même s'amoliſſent:
Ai-je pu réſiſter à ces charmes touchans?

LE *CHEF.*

Cette voix ſi puiſſante, en prodiges féconde,
Peut-elle réſiſter à ma force, à mes traits?
La force aſſervit tout ſur la terre & ſur l'onde;
Par la force les Dieux ſont les maîtres du monde;
Et moi, le maître des forêts.

Que ce téméraire
Paroiſſe en ces lieux,
Ma juſte colère
L'immole à tes yeux.
Tous ces vains preſtiges
Ne m'étonnent pas :
Eſt-il des prodiges
Plus forts que mon bras ?

A recevoir ma main que la tienne ſoit prête.
Adieu ; je vole à nos guerriers :
Nous allons devant toi traîner les priſonniers
Qui doivent, par leur mort, enſanglanter la fête.

SCÈNE III.

ANTIOPE, *ſeule.*

CHaque mot qu'il me dit redouble mon effroi.
O jour affreux ! ſéjour d'allarmes !
Ne verrai-je jamais que le ſang & les larmes
Coûler autour de moi ?

Viens fléchir cette âme cruelle,
O toi, des Dieux interprete fidele,

Viens rendre enfin l'eſpoir à mon cœur abattu;
Amphion, Amphion, m'abandonneras-tu
A ma douleur mortelle?
Reviens, c'eſt l'amour qui t'apelle;
Par la crainte & l'eſpoir ce cœur eſt combattu.
Viens fléchir, &c.

(*On entend une muſique ſauvage & guerrière, qui annonce l'arrivée des ſauvages, qui entrent ſur une marche caractériſée.*)

SCÈNE IV.

ANTIOPE, *le* CHEF *des* SAUVAGES, CHŒUR *des* SAUVAGES, PRISONNIERS *enchaînés*.

LE CHEF.

Vous, qui dans le carnage avés ſuivi mes pas,
Enfans de ces forêts, héros dans les combats,
Chantons, célébrons notre gloire.
Je vais goûter en ce jour
Les honneurs de la victoire
Et les plaiſirs de l'Amour.

CHŒUR de SAUVAGES.

Que ces forêts retentiſſent
De nos chants victorieux.

Traînons ces vaincus, qu'ils périssent :
Leur sang est un tribut que nous devons aux Dieux.
Traînons ces vaincus, qu'ils périssent.

(*On danse.*)

LE CHEF *des Prisonniers.*

Rendons grâce au sort
Qui finit nos peines :
Nous craignons les chaînes,
Et non pas la mort.

CHŒUR *de Prisonniers.*

Rendons, *&c.*

LE CHEF *des Prisonniers.*

Notre fier courage
Dédaigne vos coups :
Le vil esclavage
N'est pas fait pour nous.

CHŒUR.

Rendons, *&c.*

LE CHEF.

Rien ne peut abattre
Qui veut bien périr :
Nous savions combattre,
Nous saurons mourir.

CHŒUR.

Rendons, &c.

(*On danse.*)

CHŒUR *des Sauvages vainqueurs.*

Que ces forêts retentissent, &c.

(*On danse.*)

LE CHEF.

(*à ses guerriers.*) (*aux prisonniers.*)

Il est tems de frapper...... il est tems de mourir.
Couvert de votre sang, je brûle de m'offrir
A l'objet que j'adore.

ANTIOPÉ.

Ah, cruel, pour eux je t'implore!

CHŒUR *des Sauvages.*

Frappons, frappons.

ANTIOPE.

Barbares, arrêtés!

CHŒUR *des Sauvages.*

Frappons, frappons; qu'ils périssent.

LE CHEF *des Sauvages.*

Appaisons nos Dieux irrités.

ANTIOPE.

Ah, que mes pleurs vous attendriſſent!
Barbares, arrêtés!

(*On entend tout-à-coup une ſimphonie douce & céleſte derrière le théâtre.*)

LE CHEF *des Sauvages.*

Quels accens inconnus ont frapé mon oreille?
Ciel! quels accords harmonieux!
Le bruit approche de ces lieux.

ANTIOPE.

C'eſt Amphion; c'eſt lui.... mon eſpoir ſe réveille.

SCENE V.

AMPHION, ANTIOPE, LE CHEF *des* SAUVAGES, CHŒUR *des* SAUVAGES, LES PRISONNIERS, CHŒUR *de la Suite* D'AMPHION, *derrière le théâtre.*

CHŒUR, derrière le théâtre.

AMphion eſt l'ami des Dieux;
Il fait fleurir les arts, il écarte la guerre;
Amphion va changer la terre
En un ſéjour délicieux.

ANTIOPE.

ANTIOPE.

Ciel ! quels accords harmonieux !

LE CHEF.

Des vaincus hâtons le ſuplice.
Quoi ! vous prétés l'oreille à de frivoles ſons ?
Achevons, achevons
Ce ſanglant ſacrifice.

LE CHŒUR.

Achevons, *&c.*

AMPHION, entrant ſur la ſcêne.

Que faites vous, cruels !
Quel appareil barbare ?
Quelle fête horrible on prépare !
Quoi ! vous verſés le ſang pour plaire aux immortels?
Prenés-vous pour vos Dieux les monſtres du Ténare?

Les Dieux ſont toûjours bienfaiſans ;
Les Dieux, dans une paix profonde,
S'occupent du bonheur du monde ;
Tous les peuples ſont leurs enfans :
Leur ſoleil éclaire la terre,
Leurs fruits nourriſſent les humains ;
C'eſt à regret que le tonnerre
Échape à leurs auguſtes mains.

LE CHEF & le CHŒUR.

Que rien ne nous fléchiſſe ;
Ne prêtons pas l'oreille à de frivoles ſons.
Achevons, achevons
Ce ſanglant ſacrifice.

CHŒUR doux, derrière le théâtre.

Soyés humains, ſoyés heureux,
Ceſſés vos homicides vœux.

AMPHION.

Que votre intérêt vous raſſemble,
Hommes, n'imités point les tigres & les loups ;
Formés les liens les plus doux :
Uniſſés-vous, uniſſés-vous,
Pour vivre heureux enſemble.

CHŒUR, derrière le théâtre.

Uniſſés-vous, uniſſés-vous.

ANTIOPE.

Ciel ! o ciel ! leurs cœurs s'attendriſſent,
Ces fronts ſauvages s'adouciſſent.

AMPHION.

Laiſſés vos combats inhumains,
Jettés ces armes ſanguinaires :

Guerriers, ces vaincus ſont vos frères...
Que les fers tombent de leurs mains.

LE CHEF.

Eh, quoi! rien ne réſiſte à ſon pouvoir ſuprême!
Des mains de mes captifs je vois tomber les fers!

ANTIOPE, à AMPHION.

Ah! ſois le Dieu de ces deſerts:
Pourſuis; règne ſur l'univers,
Comme tu règnes ſur moi-même.

LE CHEF.

Qu'entends-je? dans mon cœur jaloux
Ces mots ont rallumé la rage!
Hâtons-nous, hâtons-nous;
Attaquons tous,
L'ennemi qui nous outrage.

CHŒUR des SAUVAGES.

Notre bras vengeur
De cet enchanteur
Détruira les charmes;
Uniſſons nos armes:
Que ce fier mortel,
Dont la voix t'opprime,
Puni de ſon crime,

A ce même autel
Serve de victime.

ANTIOPE, tremblante pour son amant, se jette au-devant des sauvages pour dérober AMPHION à leur fureur.

Ah, quelle fureur les anime !
Dieux ! sauvés Amphion ! sauvés.......

AMPHION, à ANTIOPE.

Rassûrés-vous :
Je ne redoute pas leur troupe réunie.
Guerriers, un plus puissant génie
Me défend de vos coups.
O douce & tendre harmonie
Enchantés ce fier courroux.

(*On entend une simphonie douce & céleste, sur laquelle le CHŒUR, derrière le théâtre, reprend de tems en tems.*)

O douce, &c.

LE CHEF.

Où suis-je ? quel est donc cet art inconcevable
Qui m'arrache à moi-même & suspend ma fureur ?
Je voudrois me venger ; un charme inexprimable
De mes transports jaloux vient adoucir l'horreur,
Et mon bras se refuse à ma haîne implacable.

AMPHION.

Non, elle ne l'est pas : cèsse de résister
A ton âme attendrie.
Peux-tu mêler l'amour à tant de barbarie ?
Nous aimons Antiope ; ôsons la disputer :
Sans te livrer à ta furie,
Voyons qui de nous deux la sait mieux mériter.

Peuples, que ce beau jour termine vos misères.
Assés & trop longtems, dispersés dans les bois,
Vous avés des lions partagé les repaires :
Qu'un asile plus doux, s'élevant à ma voix,
Succede aux antres solitaires.

Marbres, obéissés & formés des remparts ;
Élevés-vous en superbe portique :
Dans votre enceinte magnifique
Rassemblés les hommes épars.

(*Au bruit de l'harmonie, on voit, dans l'enfoncement, une ville qui s'éleve ; vers le milieu, paroît le portique d'un temple : le devant du théâtre représente un paysage agréable.*)

LE CHEF.

O prodige ! de toutes parts,
Ces lieux fortunés s'embellissent :
Dociles à sa voix, les marbres obéissent.

CHŒUR de la Suite d'AMPHION, qui entre sur la scêne.

Amphion eſt l'ami des Dieux;
Il fait fleurir les arts, il écarte la guerre;
Amphion a changé la terre
En un ſéjour délicieux.

LE CHEF des SAUVAGES.

Je ne réſiſte plus au charme qui m'attire;
Ce cœur, enfin dompté, reconnoît ton empire.

Dans les ombres des forêts
Je régnois, par le carnage;
D'une liberté ſauvage
Mon cœur goûta les attraits;
Mais je te dois mon hommage,
Tu règnes par les bienfaits.
L'amour fatal qui me poſſède,
Dans mon cœur indigné murmure vainement;
Oui, j'adore Antiope, & mon cœur te la cede.

ANTIOPE.

O ciel! quel heureux changement!

AMPHION, à ANTIOPE.

Mes chants ont adouci ce guerrier inflexible,
J'ai calmé ſes tranſports jaloux;
Mais mon triomphe le plus doux
Eſt de rendre ton cœur ſenſible.

ANTIOPE.

Je t'aimai quand je pus entendre
Ce son de voix si ravissant ;
Mais que ton cœur, si bienfaisant,
Rend mon amour encor plus tendre !
Tous les cœurs t'aiment comme moi ;
La terre t'obéit & le Ciel te seconde,
Et j'ai donné l'exemple au monde
De l'amour qu'il aura pour toi.

(*Le théâtre change & représente, sur les deux côtés, des édifices de l'intérieur d'une ville ; tout le fond est occupé par un temple, dans lequel on voit un autel. AMPHION, prenant la main d'ANTIOPE, la conduit à cet autel.*)

AMPHION.

Voici le premier temple élevé sur la terre ;
Nous y formons les premiers nœuds :
Pour la premiere fois l'Himen offre des vœux
Aux Maîtres du tonnerre.

(*On danse.*)

CHŒUR, avec ANTIOPE.

Puisse à-jamais ce beaux séjour
Être peuplé d'amans fideles !

A ces colonnes chaque jour
Nous ſuſpendrons des fleurs nouvelles :
Que leurs guirlandes immortelles
Soient l'image de notre amour.
Puiſſe à-jamais ce beau ſéjour
Être peuplé d'amans fideles !

(*On danſe.*)

AMPHION.

Du bonheur du monde & du mien
Je vois enfin briller l'aurore.

ANTIOPE.

Je vois & mon ſort & le tien
Béni d'un peuple qui t'adore.

AMPHION.

Amour, préſide à nos concerts !

ANTIOPE.

Reſſerre, Amour, des nœuds ſi chers !

ENSEMBLE.

Que du bonheur de l'univers
Nos jours s'embelliſſent encore.

(*On danſe.*)

AMPHION.

AMPHION.

Peuples, dans une paix profonde,
Goûtés votre bonheur naiſſant.
L'amour eſt le charme du monde,
Mais l'amour doit être innocent.

Si quelquefois de noirs orages
Viennent obſcurcir vos beaux jours;
Vous verrés bientôt ces nuages,
Chaſſés par la main des amours.

Peuples, *&c.*

Ne croyés pas que la ſageſſe
Banniſſe les ris & les jeux;
La vertu permet la tendreſſe;
Elle nous permet d'être heureux.

Peuples, *&c.*

(*On danſe.*)

AMPHION.

Amour, deſcends ſur ces autels,
C'eſt à toi d'adoucir nos âmes:
Viens les pénétrer de tes flâmes,
Viens, acheve avec moi le bonheur des mortels.

Tout s'adoucit ſous ton empire,
A ta voix le lion ſoûpire;

A ta voix le tigre eſt dompté :
Chés l'homme, encore plus ſauvage,
Fais cèſſer le carnage,
Mèts dans ſon cœur la tendre humanité.

(Un divertiſſement général termine cet Acte.)

FIN.

APPROBATION.

J'Ai lu, par ordre de Monſeigneur le Vice-Chancelier, *les Fragments Nouveaux*, dont l'impreſſion peut être permiſe. A Paris ce douze Septembre 1767.

DEMONCRIF.

www.ingramcontent.com/pod-product-compliance
Lightning Source LLC
LaVergne TN
LVHW012009160826
845678LV00002B/726

* 9 7 8 2 3 2 9 6 6 2 8 0 0 *